Dieses Buch gehört:

Alle Tipps und Informationen in diesem Buch
sind sorgfältig ausgewählt und geprüft.
Dennoch können weder Urheber noch Verlag
eine Garantie übernehmen.
Eine Haftung für Personen-, Sach-
und Vermögensschäden ist ausgeschlossen.

ISBN 978-3-8157-6162-5

Redaktion: Susanne Tommes
Printed in Slovakia
www.coppenrath.de

Gisela Mühlenberg

Mein kunterbuntes Osterbastelbuch

Mit Bildern von Sven Leberer

COPPENRATH

Hallo, Bastelfreund!
Hallo, Bastelfreundin!

Sobald der lange, dunkle Winter vorbei ist, freuen wir uns alle auf die schöne, helle Jahreszeit. Gleich zu Beginn des Frühlings zeigen sich viele bunte Blumen und die ersten grünen Blätter an Sträuchern und Bäumen. In diese Zeit fällt auch das Osterfest.

Hast du Lust, tolle Sachen für Ostern zu basteln? In diesem Buch findest du viele schöne Ideen – Fensterschmuck, Ostereier, Tischschmuck, Eierbecher, Osternester, Ostergrußkarten und vieles mehr. Blättere dein Buch einfach durch, such dir was Schönes aus und los geht's! Selbstverständlich kannst du die Bastelanregungen nach deinen Vorstellungen verändern. Du hast bestimmt viele tolle Ideen!

Die meisten Materialien und Werkzeuge, die du für die Bastelideen benötigst, hast du sicherlich zu Hause – Schere, Klebstoff, bunte Papiere, Bastelfarben, Wollreste und Watte. Was dir dann noch fehlt, können deine Eltern im Schreib- oder Bastelladen kaufen. Für manche Sachen brauchst du Schablonen. Vorlagen dazu findest du hinten im Buch.

Wenn du gern bastelst, richtest du dir am besten eine kleine Bastelecke ein, in der du alle Materialien und Werkzeuge in Kartons sammelst. Dann brauchst du nur noch einen Tisch, ein Wachstuch, eine helle Lampe und einen Stuhl. Jetzt kannst du immer basteln, wenn dir gerade etwas Gutes einfällt.

Besonders viel Spaß macht es, wenn du gemeinsam mit anderen Kindern bastelst. Zusammen habt ihr viele Ideen und könnt euch gegenseitig helfen.

Bei jeder Bastelanleitung findest du ein, zwei oder drei Eier. Daran kannst du erkennen, welche Anregungen einfach , welche etwas schwieriger und welche aufwändiger sind .

Außerdem siehst du dort zwei Altersangaben – eine Altersangabe für Kinder, die mit der Unterstützung von Erwachsenen oder größeren Kindern basteln möchten , und eine für Kinder, die allein basteln und vielleicht sogar schon selbst lesen können .

Bevor's losgeht, hier ein kleiner Tipp, damit's auf deinem Basteltisch spätestens zu Ostern so richtig frühlingshaft aussieht: Sammle leere Eierschalen (zum Beispiel von euren Frühstückseiern), stelle sie in einen Eierkarton oder in verschiedene Eierbecher und fülle Erde hinein. Dann kannst du entweder Blumensamen hineinstecken oder Grassamen darüberstreuen. Jetzt das Ganze auf die Fensterbank stellen, gleichmäßig feucht halten und abwarten.

Viel Spaß beim Basteln
und eine schöne Osterzeit!

ab 3

ab 4

Schöne Fenster zur Osterzeit

Hast du Lust, hübschen Fensterschmuck zu basteln? Das Tolle daran ist: Man sieht ihn nicht nur von innen, sondern er erfreut auch Leute, die draußen an eurer Wohnung vorübergehen.

Ostereier-Mobile

1 Bleistift, bunter Fotokarton, 1 Schere, Wollreste, Klebstoff, Wachsmalstifte, buntes Papier, 1 Locher, Krepppapier, Nadel und Faden

1. Schneide aus dem bunten Fotokarton mithilfe der Schablonen „Osterei 3", „Osterei 4" und „Osterei 5" drei Ostereier in unterschiedlichen Farben zurecht.
2. Nun kannst du jedes Osterei anders schmücken. Eines kannst du mit Wollschnipseln bekleben und ein anderes bemalst du mit den Wachsmalstiften.
3. Oder du stanzt aus dem bunten Papier mit dem Locher lustiges Konfetti aus, das du dann an ein Osterei klebst. Auch aufgeklebte Krepppapier-Knübbelchen sehen schön aus.
4. Drehe deine Eier nun um und verziere sie auch von der anderen Seite.
5. Zum Schluss hilft dir ein Erwachsener sicher dabei, die verschiedenen Eier mit Nadel und Faden zu verbinden. Dann kannst du dein tolles Ostereier-Mobile ins Fenster hängen.

Osterhasen-Pikser für Blumentöpfe

ab 3

ab 5

1 Bleistift, braune Wellpappe, 1 Schere, Klebstoff, 1 Schaschlikspieß, weißes Papier, Filzstifte, Watte

1. Übertrage die Schablone „Osterhasen-Pikser" zweimal auf die braune Wellpappe und schneide die Hasen aus.
2. Bestreiche einen Hasen auf der linken, etwas glatteren Seite mit Klebstoff und lege den Schaschlikspieß mit dem stumpfen Ende darauf.
3. Lege nun den zweiten Hasen auch mit der linken Seite darüber und drücke die beiden Formen eine kurze Zeit fest zusammen.
4. Jetzt kannst du dem Häschen kleine, weiße Papierkreise als Augen aufkleben und mit Filzstiften einen Schnurrbart anmalen.
5. Auf die Ohren klebst du etwas Watte und auf der Rückseite klebst du dem Häschen einen kleinen Wattetupfer als Schwanz an.

ab 4

ab 7

Henne mit Ei

1 Bleistift, fester, weißer Karton, 1 Schere, rotes Papier, Klebstoff, Regenbogenwellpappe, Nadel und Faden

1. Mithilfe der Schablone „Henne mit Ei 1" überträgst du die Form des Huhns auf den festen, weißen Karton.
2. Schneide dann zuerst das Huhn und danach von innen das Loch für das Ei aus.
3. Nun malst du mithilfe der Schablonen „Henne mit Ei 2" und „Henne mit Ei 3" den Kamm und den Schnabel des Huhns jeweils zweimal auf das rote Papier, schneidest die Formen aus und klebst sie von beiden Seiten an das Huhn.
4. Anschließend überträgst du die Eiform aus der ersten Schablone („Henne mit Ei 1") auf die bunte Wellpappe und schneidest sie aus.
5. Dann hängst du das bunte Ei mit einem Faden in das Huhn. Dabei hilft dir sicherlich ein Erwachsener.
6. Zum Schluss schneidest du einen langen Faden ab, befestigst das eine Ende am Kopf, das andere am Schwanz und hängst dein Huhn daran auf.

Transparentpapier-Osterei

ab 4

ab 6

1 Bleistift, farbiger Fotokarton, 1 Schere, selbstklebende Folie, buntes Transparentpapier, Klebstoff, Nadel und Faden

1. Aus dem farbigen Fotokarton schneidest du mithilfe der Schablone „Transparentpapier-Osterei“ die Form zweimal aus.
2. Schneide dann vorsichtig aus jedem Ei das Innenteil aus. Vorsicht: Nicht in den Rahmen schneiden!
3. Schneide nun zwei Rechtecke von der selbstklebenden Folie ab, die etwas größer als ein Ei sein sollen. Ziehe das Papier von einer Folie ab und lege vorsichtig einen Ostereirahmen darauf. Schneide dann die überstehende Folie rund um das Ei ab.
4. Schneide nun das bunte Transparentpapier in viele kleine Schnipsel. Diese Schnipsel lässt du auf die selbstklebende Folie fallen – so viele, dass die ganze Folie mit bunten Schnipseln bedeckt ist.
5. Ziehe jetzt das Papier von dem zweiten Folienstück ab und lege das Ei mit der Papierschnipselseite auf die klebende Seite der Folie. Die überstehende Folie schneidest du wieder rundherum ab.
6. Klebe dann den zweiten Rahmen gegen den ersten. Drücke die beiden Rahmenteile eine kurze Zeit fest zusammen.
7. Befestige mit einer Nadel ein Stück Faden an dem Osterei, damit du es aufhängen kannst.

ab 2½

ab 4

Osterschmuck im ganzen Raum

Auf den nächsten Seiten findest du viele tolle Sachen, mit denen du eure Wohnung österlich schmücken kannst. Los geht's!

Ach, du dickes Osterei!

1 Bleistift, Fotokarton, 1 Schere, Krepppapier, Klebstoff

1. Übertrage die Form des großen Ostereis mit der Schablone „Osterei 1" auf den Fotokarton und schneide das Ei aus.
2. Reiße kleine, bunte Krepppapierstückchen zurecht und knubbele sie zu kleinen Kugeln zusammen.
3. Bestreiche das Osterei mit Klebstoff und drücke die Krepppapier-Kügelchen darauf. Dabei kannst du alle Farben bunt durcheinander kleben oder auch Muster legen. Beides sieht hübsch aus.

Osterhase aus einer Klopapierrolle

ab 3

ab 5

1 Klopapierrolle, braune Plakatfarbe und Pinsel, 1 Bleistift, brauner Fotokarton, 1 Schere, weißes Papier, Klebstoff, 1 schwarzer Filzstift, 1 Tacker, 1 Lineal, Pfeifenputzerdraht

1. Bemale die Klopapierrolle mit der braunen Plakatfarbe.
2. Übertrage mithilfe der Schablone „Osterhase aus Klopapierrollen" die Hasenohren auf den braunen Fotokarton und schneide sie aus.
3. Zeichne zwei etwas kleinere Ohren und zwei kleine Kreise für die Augen auf das weiße Papier und schneide alle vier Teile aus.
4. Klebe die weißen Ohren auf die braunen Ohren und die Augen an die bemalte Rolle.
5. Male mit dem Filzstift Pupillen an.
6. Tackere die Ohren an den Hasen.
7. Schneide zwei etwa 8 cm lange Stücke des Pfeifenputzerdrahtes zu und verdrehe die beiden in der Mitte einmal miteinander.
8. Dann tackerst du sie als Schnurrbart an deinen Hasen.

ab 5

ab 7

Mobile mit Watteküken

1 Bleistift, weißer und gelber Fotokarton, 1 Schere, Nadel und Faden, Klebstoff, gelbe und weiße Kosmetikwatte, roter und blauer Fotokarton, 3 dünne, etwa 25 cm lange Holzstäbchen

1. Übertrage die Form des Kükens mithilfe der Schablone „Mobile aus Watteküken" dreimal auf den weißen und dreimal auf den gelben Fotokarton und schneide die sechs Küken aus.
2. Befestige an allen Küken mithilfe der Nadel einen ungefähr 30 cm langen Faden.
3. Beklebe die gelben Küken auf beiden Seiten mit gelber Watte und die weißen Küken mit weißen Wattetupfern.

4. Schneide aus dem roten Fotokarton für alle Küken je zwei Dreiecke für die Schnäbel und aus dem blauen Fotokarton für alle Küken je zwei Kreise als Augen zu und klebe sie auf die sechs Küken.
5. Lege die drei Holzstäbe übereinander und binde sie mit Nähgarn so zusammen, dass ein Stern mit sechs Strahlen entsteht. In der Mitte des Kreuzes befestigst du einen Faden, an dem du das Mobile später aufhängen kannst.
6. Bitte einen Erwachsenen, dass er dir hilft, nun an den sechs Enden des Kreuzes deine Küken in unterschiedlichen Höhen anzuknoten.

ab 5

ab 7

Küken und Hasen aus Bommeln

1 Bleistift, fester Karton, 1 Schere, gelbe und braune Wolle, 1 Lineal, roter, blauer und brauner Filz, Klebstoff

1. Übertrage mithilfe der Schablone „Küken aus Bommeln" die Ringform zweimal auf den festen Karton und schneide die beiden Ringe aus. Lege die beiden Ringe aufeinander.
2. Schneide für das Küken einen ganz langen, gelben Wollfaden ab und lege ihn in der Mitte doppelt zusammen.
3. Jetzt beginnst du die beiden Ringe ganz oft mit der gelben Wolle zu umwickeln, indem du den doppelten Faden immer wieder durch den Innenkreis ziehst, bis das ganze Loch fast gefüllt ist.
4. Nun bittest du einen Erwachsenen, dass er dir beim Abbinden des Bommels hilft. Der Erwachsene drückt die Wolle in der Mitte mit Daumen und Zeigefinger fest zusammen, sticht mit der Schere am Außenrand durch die Wollfäden zwischen die beiden Pappringe und schneidet die Wollfäden außen durch.
5. In der Zwischenzeit schneidest du einen gelben, ungefähr 40 cm langen Wollfaden ab und nimmst ihn doppelt.

6. Diesen Faden legst du zwischen die beiden Pappringe und ziehst die Fadenenden durch die Schlaufe fest.
7. Wickele einen der beiden Fäden mehrmals um die Mitte herum und verknote ihn mit dem anderen.
8. Jetzt kannst du die beiden Pappringe vorsichtig nach außen abziehen und der erste Bommel ist fertig. Damit du später Kopf und Bauch miteinander verbinden kannst, lässt du die langen Fäden einfach hängen.
9. Fertige dann einen zweiten Bommel als Kopf an. Schneide die Fäden rundherum etwas kürzer, sodass der Kopf ein bisschen kleiner ist als der Bauch.
10. Nun knotest du die langen Fäden von Bauch und Kopf zusammen und schneidest die restlichen Fäden ab.
11. Schneide aus dem blauen Filz zwei kleine Kreise als Augen und aus dem roten Filz einen Schnabel aus und klebe die Teile an dein Küken.
12. Nun kannst du in der gleichen Weise aus der braunen Wolle einen Osterhasen machen, dem du zum Schluss Ohren aus dem braunen Filz anklebst.

ab 2½

ab 4

Ein schöner, bunter Osterstrauß

Klar: Zum Osterfest gehört ein blühender Osterstrauß. Dafür eignen sich Zweige von Sträuchern aus dem Garten oder du kaufst welche im Blumenladen oder auf dem Markt.

Schnipsel-Ostereier

Zeitungen, 1 Glas mit etwas Wasser, Kleisterpulver, Transparentpapier, Plastikeier mit Faden

1. Lege deinen Arbeitsplatz mit Zeitungen aus und rühre in dem Glas etwas Kleisterpulver zu einer dickflüssigen Kleistermasse an.
2. Reiße das bunte Transparentpapier in viele ganz kleine Schnipsel.
3. Nun reibst du das ganze Plastikei mit den Händen mit Kleister ein und klebst die Papierschnipsel darauf.
4. Wenn du das Ei mit ungefähr drei bunten Papierschnipsel-Schichten beklebt hast, hängst du es am Faden zum Trocknen auf.

Fächereier

ab 3

ab 5

1 Bleistift, Regenbogentonpapier oder anderes buntes, beidseitig gefärbtes Papier, 1 Schere, 1 Tacker, Nadel und Faden

1. Übertrage mithilfe der Schablone „Osterei 6“ dreimal die Form auf das Regenbogenpapier. Suche besonders schöne, unterschiedliche Farbschattierungen für die drei Eier aus.
2. Schneide sie aus, falte eines davon einmal längs in der Mitte und klappe es wieder auseinander.
3. Lege die drei Eier aufeinander. Das Ei mit der Faltlinie soll oben liegen.
4. Tackere nun die drei Eier entlang der Faltlinie dreimal zusammen und klappe dann die Papiere auseinander, damit ein schönes Fächerei entsteht.
5. Ziehe mit der Nadel einen Faden durch die obere Eispitze und knote die Fadenenden zusammen. Daran kannst du das Ei an einen Strauß hängen.

Tipp: Wenn du größere Eier machen möchtest, verwendest du die Schablone „Osterei 4“ oder „Osterei 5“.

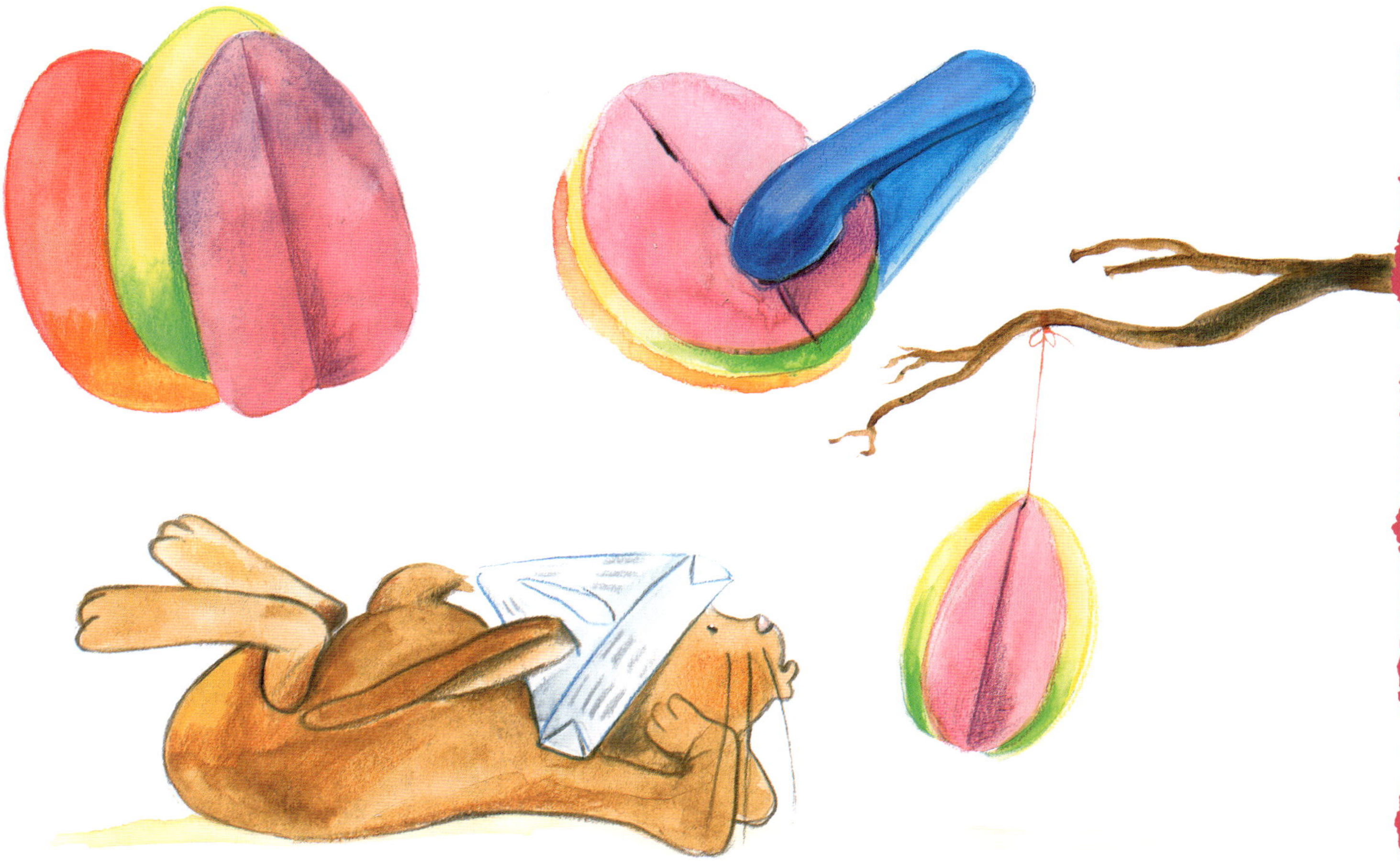

ab 4

ab 6

Schmetterlinge

1 Lineal, Pfeifenputzer, 1 Schere, 1 Bleistift, Transparentpapier, Nadel und Faden

1. Schneide ein 16 cm langes Pfeifenputzerstück ab.
2. Knicke es einmal in der Mitte zusammen und verdrehe die beiden Enden vom umgebogenen Ende aus bis zur Mitte einige Male miteinander.
3. Nun schneidest du drei verschiedenfarbige Transparentpapierstücke in der Größe von 4 x 12 cm zurecht. Die Ecken der Papiere schneidest du rund ab.
4. Lege die drei Papiere gefächert übereinander, raffe sie in der Mitte zusammen und lege sie zwischen die Pfeifenputzerenden. Drehe die Pfeifenputzer noch zwei- oder dreimal umeinander und lasse die Enden als Fühler des Schmetterlings stehen.
5. Damit der Schmetterling gut am Osterstrauß hängen kann, nähst du ein Fadenende innen an einen Flügel, spannst ihn zu dem anderen Flügel hinüber und knotest ihn auch dort fest.

Tipp: Besonders hübsch sieht es aus, wenn du mehrere Schmetterlinge aus unterschiedlichen Pfeifenputzern und andersfarbigen Papieren bastelst.

Filzfiguren

ab 5

ab 7

Filzstifte, bunter Filz, 1 scharfe Schere, Klebstoff, Nadel und Faden

1. Übertrage die Schablonen „Filzfigur 1“, „Filzfigur 2“, Filzfigur 3“ und „Filzfigur 4“ mit einem Filzstift auf unterschiedlich farbige Filzbögen und schneide sie aus.
2. Dann schneidest du Augen, Schnäbel, Flügel oder Muster aus, die du von beiden Seiten auf die Figuren klebst. Auf helle Filzfiguren kannst du die Augen auch mit einem Filzstift malen.
3. Zum Aufhängen der Filzfiguren ziehst du zum Schluss einen Faden durch jede Figur und verknotest die beiden Fadenenden jeweils miteinander.

ab 3

ab 4

Bunte Eierbecher und Osternester

Auf den nächsten Seiten findest du Tipps und Tricks, wie du aus einfachen Sachen im Nu tolle Eierbecher und Osternester basteln kannst.

Eierbecher aus Wellpappe

1 Lineal, 1 Bleistift, Regenbogenpappe, 1 Schere, 1 Tacker

1. Schneide aus der Regenbogenpappe einen Streifen in der Größe von 4 x 14 cm zurecht.
2. Forme den Streifen nun zu einem Ring und tackere ihn zweimal an den Enden zusammen.
3. Wenn du möchtest, kannst du in den oberen Rand des Eierbechers kleine Zacken oder Wellenlinien schneiden. Aber auch ein ganz gerader Ring sieht schön aus. Dafür sorgen schon die tollen Regenbogenfarben.

Eierbecher aus Klopapierrollen

1 Klopapierrolle, 1 Brotmesser, 1 Lineal, 1 Bleistift, Fotokarton oder beidseitig gefärbtes Papier, 1 Schere, Klebstoff

ab 3

ab 4

1. Bitte einen Erwachsenen, die Klopapierrolle mit dem Brotmesser in drei gleich große Ringe zu schneiden.
2. Schneide dann einen Papp- oder Papierstreifen in der Größe von 10 x 15 cm zurecht.
3. Streiche die Rolle außen mit Klebstoff ein und klebe den Papierstreifen drum herum – und zwar so, dass eine Papierkante bündig mit einer Kante des Rings abschließt.
4. Schneide das Papier, das über den Ring steht, bis zum Ring in viele dünne Streifen.
5. Lege nun jeden Streifen einzeln zwischen den Scherenrücken und deinen Daumen und ziehe den Streifen vorsichtig über den Scherenrücken. Übung macht den Meister!

Tipp: Auf die gleiche Weise kannst du hübsche Osternester aus Käseschachteln basteln.

ab 4

ab 6

Mini-Osternest

1 Eierkarton, 1 Schere, buntes Seidenpapier, 1 Lineal, 1 Bleistift, 1 Dosenmilchöffner, 1 bunter Pfeifenputzer, kleine Ostereier

1. Schneide aus dem Eierkarton eine Vertiefung ab und schneide den oberen Rand so, dass vier Zacken entstehen.
2. Dann schneidest du aus Seidenpapier ein etwa 10 x 10 cm großes Quadrat zu. Damit legst du das Körbchen aus.
3. Stich mit dem Dosenmilchöffner an zwei gegenüberliegenden Seiten je ein kleines Loch in das Körbchen. Lass dir dabei am besten von einem Erwachsenen helfen.
4. Schneide dann ein ungefähr 15 cm langes Stück vom Pfeifenputzer mit der Schere ab. Stecke die beiden Enden jeweils von innen nach außen durch die Löcher und biege die Enden zu einer kleinen Schlaufe, sodass das Körbchen an dem Henkel hängen bleibt.
5. Nun legst du süße Eier in das Körbchen und dein Mini-Osternest ist fertig.

Osterkörbchen

ab 4

ab 6

1 Bleistift, 1 Lineal, bunter Fotokarton, 1 Schere, 1 Dosenmilchöffner, 2 Musterklammern, Ostergras oder Seidenpapier

1. Male mit Bleistift und Lineal ein Quadrat mit 21 x 21 cm auf den Fotokarton.
2. Teile dieses Quadrat mit dünnen Bleistiftstrichen in 9 gleich große Quadrate, so wie du es auf der Zeichnung sehen kannst.
3. Schneide das große Quadrat an den vier markierten Stellen ein.
4. Nun faltest du alle kleinen äußeren Quadrate einmal entlang der Bleistiftlinien nach innen.
5. Falte dann das Körbchen so zusammen, wie es das Bild zeigt.
6. An den seitlichen Stellen, an denen sich alle drei Pappteile überlappen, bohrst du auf jeder Seite mit dem Dosenmilchöffner ein Loch.
7. Schneide aus dem Fotokarton einen ungefähr 21 cm langen und etwa 3 cm breiten Streifen als Henkel zu und bohre in jedes Ende ein Loch.
8. Jetzt kannst du den Henkel mit den Musterklammern am Körbchen befestigen.
9. Fülle das Körbchen mit Ostergras oder lege es mit buntem Seidenpapier aus.

ab 3

ab 6

Der schön gedeckte Ostertisch

Das Frühstück am Ostersonntag ist immer etwas Besonders. Tolle Ideen dafür findest du auf den nächsten Seiten.

Osterservietten

mehrere Sektkorken, Moosgummi, 1 Filzstift, 1 Schere, Klebstoff, 1 Schwammtuch, mehrere Schraubglasdeckel, verschiedene Plakat- oder Bastelfarben, einfarbige helle Vlies-Servietten, 1 Zeitung

1. Setze einen Sektkorken auf das Moosgummi und male mit dem Filzstift drum herum.
2. Zeichne in den Kreis ein Ostermotiv, etwa ein Ei, einen Hasenkopf mit Ohren oder ein Küken.
3. Schneide das Motiv aus und klebe es an den Sektkorken. Auf diese Weise kannst du mehrere verschiedene Stempel anfertigen.
4. Für die Stempelkissen schneidest du aus dem Schwammtuch Kreise zurecht, die in die Schraubglasdeckel passen.
5. Fülle in jeden Deckel eine andere Farbe und lege je einen Schwammtuchkreis darüber.
6. Lege nun eine Vlies-Serviette auf die Zeitung, drücke einen Stempel auf ein Stempelkissen und drucke das Motiv auf die Serviette. Fertig!

Hasen-Serviettenring

ab 3

ab 5

Klopapierrollen, 1 Brotmesser, braune Plakatfarbe und Pinsel, weißes Papier, 1 Schere, Klebstoff, 1 Lineal, 1 Pfeifenputzer, 1 Tacker, Servietten

1. Teile eine Klopapierrolle mithilfe eines Erwachsenen mit dem Brotmesser in zwei Teile.
2. Male die beiden Ringe mit der braunen Plakatfarbe an und lass sie trocknen.
3. Schneide aus dem weißen Papier zwei kleine Kreise aus und klebe sie als Augen auf die Rolle.
4. Dann schneidest du zwei etwa 5 cm lange Stücke Pfeifenputzer ab und tackerst sie als Schnurrbart auf die Rolle.
5. Für die Ohren faltest du eine Serviette von einer Spitze angefangen wie eine Ziehharmonika bis zur gegenüberliegenden Spitze.
6. Die knickst du in der Mitte einmal zusammen und steckst sie als Ohren in die Rolle.

ab 5

ab 7

Eierwärmer

1 Filzstift, bunter Filz, 1 scharfe Schere, festes Garn oder Stickgarn, 1 spitze, etwas dickere Nadel, 1 Ei, 1 Eierbecher, Klebstoff, bunte Federn

1. Übertrage die Schablone „Eierwärmer" zweimal auf den bunten Filz und schneide beide Formen aus.
2. Fädele ein Stück festes Garn in die Nadel und mach einen Knoten an das Ende des Fadens.
3. Näh mit einfachen Auf- und Abstichen die beiden Filzformen am äußeren Rand entlang zusammen und verknote den Faden zum Schluss.
4. Setze das Ei in den Eierbecher und stülpe dein genähtes „Hütchen" darüber.
5. Schneide Augen und Schnabel aus Filz aus. Die Augen kannst du gut ankleben. Damit auch der Schnabel hält, nähst du ihn am besten an deinem Eierwärmer fest.
6. Zum Schluss steckst du ein paar bunte Federn als Schwanz oder Schopf zwischen die Nähte und nähst sie innen mit zwei Stichen an.

Hase und Küken aus Wellpappe

ab 5

ab 7

1 Lineal, 1 Bleistift, braune, gelbe und grüne Wellpappe (am besten DIN A2), 1 Schere, Klebstoff, Stecknadeln, bunter Fotokarton, Watte, 1 schwarzer Filzstift

1. Schneide zwei etwa 3 cm breite und möglichst lange Streifen aus der braunen und gelben Wellpappe zurecht. Achte darauf, dass die Rillen parallel zu den kurzen Seiten des Streifens verlaufen.
2. Rolle die Streifen auf, bis dir die Dicke als Bauch oder Kopf für deine Tiere gefällt.
3. Schneide die Streifen an der passenden Stelle ab und klebe die Enden an die jeweilige Rolle.
4. Klebe nun einen Kopf und einen Bauch zusammen. Das geht viel leichter, wenn ein Erwachsener den Kopf und den Bauch zusätzlich mit zwei Stecknadeln zusammensteckt.
5. Klebe dann die Körper der Hasen oder Küken auf ein Stück grüne Wellpappe. Bitte einen Erwachsenen, zwei Stecknadeln von unten durch die Pappe in die Tiere zu drücken, damit's besser hält.
6. Nun schneidest du aus dem Fotokarton Ohren, Schnäbel und Augen zu und klebst alles an.
7. Zum Schluss bekommt das Häschen noch ein Watteschwänzchen und einen aufgemalten schwarzen Mund.

Viele bunte Ostereier

Das Allerwichtigste in der Osterzeit sind natürlich viele, schöne, bunte Ostereier. Es gibt ganz verschiedene Techniken, mit denen du Ostereier hübsch bemalen oder bekleben kannst. Zur Wahl stehen Plastikeier, hart gekochte Eier und ausgeblasene Eier.

Vorab ein paar Tipps

Plastikeier
Ganz unempfindlich sind Plastikeier, die du in Bastelgeschäften kaufen kannst. Sie sind besonders für kleine Kinder geeignet, weil sie nicht so schnell kaputtgehen. Allerdings sind Plastikeier nicht für alle Mal- und Basteltechniken geeignet. An vielen Plastikeiern hängt bereits ein Faden zum Aufhängen. Wenn nicht, machst du es wie bei den ausgeblasenen Eiern.

Hart gekochte Eier
Besonders gut lassen sich hart gekochte, weiße Eier färben. Auf ihnen leuchten die Farben wunderbar. Bevor's ans Verzieren geht, kochst du so viele Eier, wie du färben möchtest, gemeinsam mit einem Erwachsen mindestens acht Minuten lang. Blöd ist, dass du die Eier nicht beliebig lange aufheben kannst, weil sie sonst schlecht werden und anfangen zu stinken.

Ausgeblasene Eier
Das Verzieren von ausgeblasenen Eiern ist eher für ältere Kinder geeignet. Denn ausgeblasene Eier sind sehr zerbrechlich. Darum musst du ganz behutsam mit ihnen umgehen. Sollte doch einmal ein Ei zerbrechen – ärgere dich nicht!

Bestimmt hilft dir ein Erwachsener dabei, die rohen Eier auszublasen. Dazu wird zunächst in beide Seiten ein Loch gepikst. Dann pustest du ganz fest in das eine Loch, sodass die Flüssigkeit aus dem Ei durch das andere Loch herausfließt. Fang die Eimasse in einer Schüssel auf. Dann kannst du später Pfannkuchen backen oder Rührei machen.

Anschließend spülst du das Ei vorsichtig mit Wasser aus. Dann brichst du ein Streichholz in der Mitte durch und knotest einen doppelten Faden daran fest. Dieses Streichholzstückchen steckst du mit dem Knoten in das Loch am dickeren Ende des Eis. An der Schlaufe kannst du das Ei dann aufhängen.

Ausgeblasene Eier sind zwar sehr empfindlich, aber dafür kannst du sie jedes Jahr wieder verwenden. Am besten bewahrst du sie in einem Eierkarton auf.

ab 2½

ab 4

Fingerdruckeier

1 Zeitung, verschiedene Bastelfarben, 1 Teller, ausgeblasene oder hart gekochte Eier

1. Lege die Zeitung auf den Tisch.
2. Gib ein paar Kleckse der verschiedenen Bastelfarben auf den Teller.
3. Drucke mit den Fingerspitzen viele verschiedene bunte Punkte auf das Ei und lasse die Farbe trocknen.

Regenbogeneier

ab 3

ab 4

Zeitungspapier, buntes Blumenseidenpapier, 1 Lineal, 1 Bleistift, Alufolie, 1 kleiner Teller mit Wasser, hart gekochte Eier, 1 Eierpalette oder 1 Kuchengitter, Speiseöl, Haushaltstücher

1. Lege den Tisch gut mit Zeitungspapier aus.
2. Reiße von jeder Farbe des Blumenseidenpapiers zwei Quadrate ungefähr in der Größe von 10 x 10 cm zurecht.
3. Jedes dieser Papierstücke fasst du in der Mitte an und faltest es zu einer Art Blüte.
4. Um den Stiel jeder Blüte wickelst du ein Stückchen Alufolie. Schon hast du viele verschiedene Pinsel mit Alufoliengriff.
5. Fülle etwas Wasser auf den Teller und tunke die Papierpinsel der Reihe nach in das Wasser und betupfe die Eier damit.
6. Lege die fertigen Eier auf die Eierpalette oder das Kuchengitter und lass sie trocknen.
7. Zum Schluss gibst du etwas Speiseöl auf ein Haushaltstuch und reibst deine Kunstwerke damit ein, sodass die Farben schön glänzen.

ab 3

ab 5

Konfetti-Eier

1 Locher, 1 oder mehrere Motivstanzer, buntes Papier, Klebstoff, ausgeblasene Eier oder Plastikeier

1. Loche mit dem Locher und mit Motivstanzern verschiedene kleine Formen aus dem bunten Papier aus.
2. Tupfe viele kleine Klebepunkte auf das Ei und klebe die Papierformen darauf.

Kresse-Eier

ab 5

ab 6

Eierschalen, Bastelfarben und Pinsel, 1 leerer Eierkarton, 1 Lineal, 1 Bleistift, bunter Fotokarton, 1 Schere, 1 Tacker, Watte, Kressesamen

1. Als Erstes spülst du die Eierschalen vorsichtig aus und lässt sie trocknen.
2. Dann malst du die Eier mit den Bastelfarben an. Wie wär's mit schönen Mustern oder lustigen Gesichtern?
3. Zum Trocknen legst du die Eier kopfüber auf die Eierkartonspitzen.
4. In der Zwischenzeit schneidest du für jedes Ei einen bunten Pappstreifen in der Größe von 2,5 x 12 cm zurecht und tackerst ihn zu einem Ring zusammen, in den du dann ein getrocknetes Ei stellen kannst.
5. Ungefähr fünf Tage vor Ostern füllst du das Ei mit Watte, befeuchtest sie mit etwas Wasser und streust die Kressesamen darauf.
6. So stellst du das Ei auf eine sonnige Fensterbank und gießt es jeden Tag ein wenig.

ab 2½

ab 3

Herzliche Ostergrüße

Schön ist es, wenn zum Osterfest alle Freunde und die Familie zusammenkommen. Doch oft wird nichts daraus, weil einige zu weit weg wohnen. Dann ist schöne Osterpost genau das Richtige. Hier ein paar Vorschläge für schöne Karten.

Konfetti-Ei

1 Locher, 1 oder mehrere Motivstanzer, buntes Papier, 1 Bleistift, 1 Doppelbriefkarte, Klebstoff, Filzstifte, 1 Briefumschlag

1. Loche mit dem Locher und den Motivstanzern viele kleine Kreise und Motive aus dem bunten Papier. Schon hast du tolles Konfetti!
2. Male mit dem Bleistift ein dickes Osterei auf die Karte.
3. Streiche dieses Ei ganz mit Klebstoff ein.
4. Streue nun das bunte Konfetti auf den Klebstoff, bis du ein richtig schönes Konfetti-Ei hast.
5. Wenn der Klebstoff trocken ist, klappst du die Karte auf, schreibst gemeinsam mit einem Erwachsenen einen netten Gruß hinein und steckst die Karte in den Umschlag. Adresse und Briefmarke drauf und ab die Post!

Fingerdruck-Postkarten

1 Bleistift, farbige Doppelkarten, verschiedene Bastelfarben, 1 Teller, 1 alter Stofflappen

1. Male mit dem Bleistift jeweils ein einfaches Ostermotiv – zum Beispiel ein Osterei, einen Osterhasen, ein Küken, eine Tulpe oder ein Lämmchen – auf jede Karte. Damit man die Bleistiftlinien später nicht sieht, ist es wichtig, dass du sie nur ganz dünn malst.
2. Gib Kleckse der verschiedenen Bastelfarben auf den Teller.
3. Und schon kannst du damit beginnen, die Motive mit deinen Fingerspitzenabdrücken farbig zu bedrucken. Der Hase bekommt viele braune Fingerabdrücke, das Küken gelbe und das Lämmchen weiße.
4. Immer, wenn du mit einer Farbe fertig bist, wischst du deine Finger an dem Stofflappen ab und wäschst deine Hände.

ab 3

ab 4

Streifen-Osterei

ab 4

ab 6

1 Doppelbriefkarte, 1 Bleistift, 1 Schere, buntes Papier oder Regenbogenpapier, Klebstoff

1. Lege die Schablone „Osterei 3“ dicht an die geschlossene Kante der Karte.
2. Übertrage die Form mit dem Bleistift auf die Karte.
3. Schneide das Ei aus, lasse dabei aber das mittlere Stück der geschlossenen Kante ganz, damit die beiden Kartenteile verbunden bleiben.
4. Schneide verschieden dicke Streifen aus dem bunten Papier oder dem Regenbogenpapier zu.
5. Klebe die Streifen nach Lust und Laune waagerecht, senkrecht oder diagonal auf das Ei.
6. Zum Schluss schneidest du die überstehenden Stücke der Papierstreifen rundherum ab.

Karte mit Osterlamm

ab 3

ab 5

1 Bleistift, 1 farbige Doppelbriefkarte, Klebstoff, Watte, 1 Schere, beigefarbenes Papier, Filzstifte

1. Male den Bauch des Osterlamms mit dem Bleistift auf die Karte.
2. Bestreiche den Bauch mit dem Klebstoff.
3. Zupfe die Watte flach auseinander und klebe sie auf das Lamm.
4. Schneide dann den Kopf und die Beine aus dem beigefarbenen Papier zu und klebe sie an dein Lamm.
5. Zum Schluss malst du ein freundliches Gesicht an.

Wie aus Vorlagen Schablonen werden

Auf den nächsten Seiten findest du Vorlagen für die Schablonen, die in den Bastelanleitungen auftauchen. Wie du aus den Vorlagen Schablonen machst, kannst du hier nachlesen.

durchsichtiges Papier (zum Beispiel Butterbrot- oder Architektenpapier), 1 Bleistift, Klebstoff, Pappe, 1 Schere, 1 Tüte oder 1 Schachtel

1. Lege das durchsichtige Papier auf die Vorlage.
2. Zeichne die Umrisse der Vorlage mit dem Bleistift auf das Papier.
3. Klebe das Papier auf die Pappe und schneide das Motiv aus. Jetzt hast du eine stabile Schablone, die du auf deinen farbigen Fotokarton legen kannst.
4. Auf diese Schablone schreibst du, um welches Motiv es sich handelt, zum Beispiel „Osterei 1" oder „Henne mit Ei".
5. Sammle deine Schablonen in der Tüte oder Schachtel, damit sie nicht verloren gehen und du sie immer wieder gebrauchen kannst.

Vorlagen

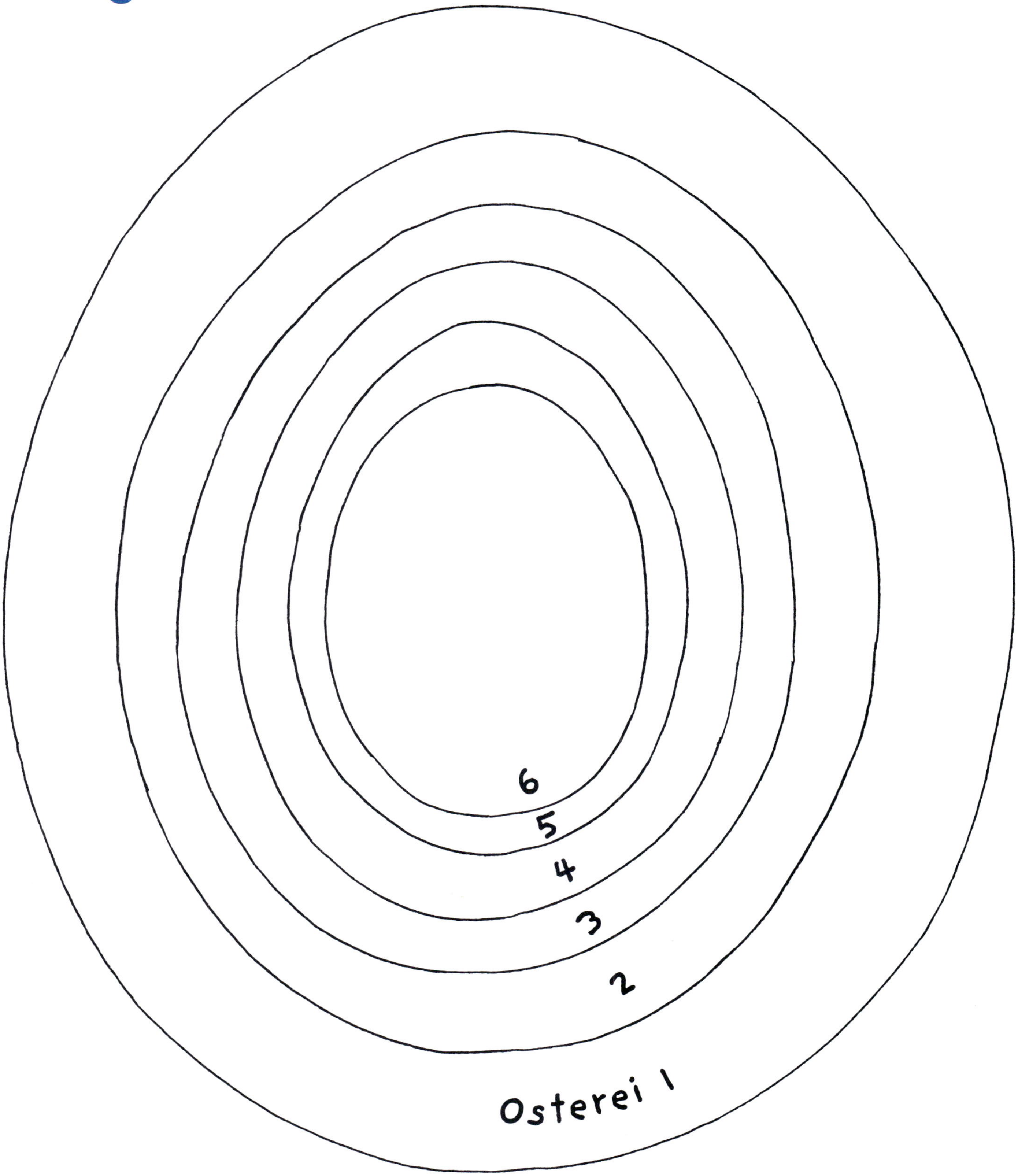

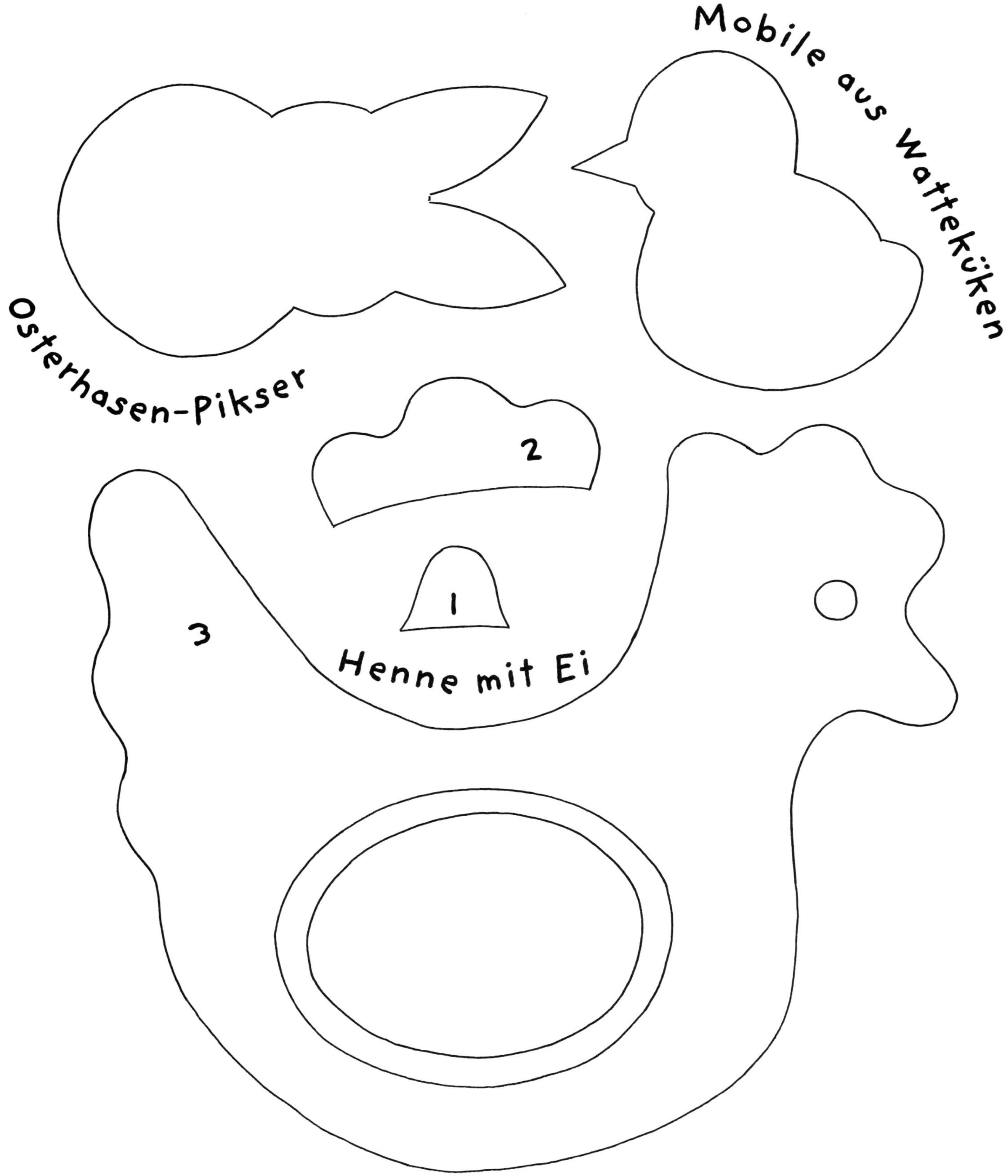
Mobile aus Wattekükenen
Osterhasen-Pikser
2
1
3
Henne mit Ei

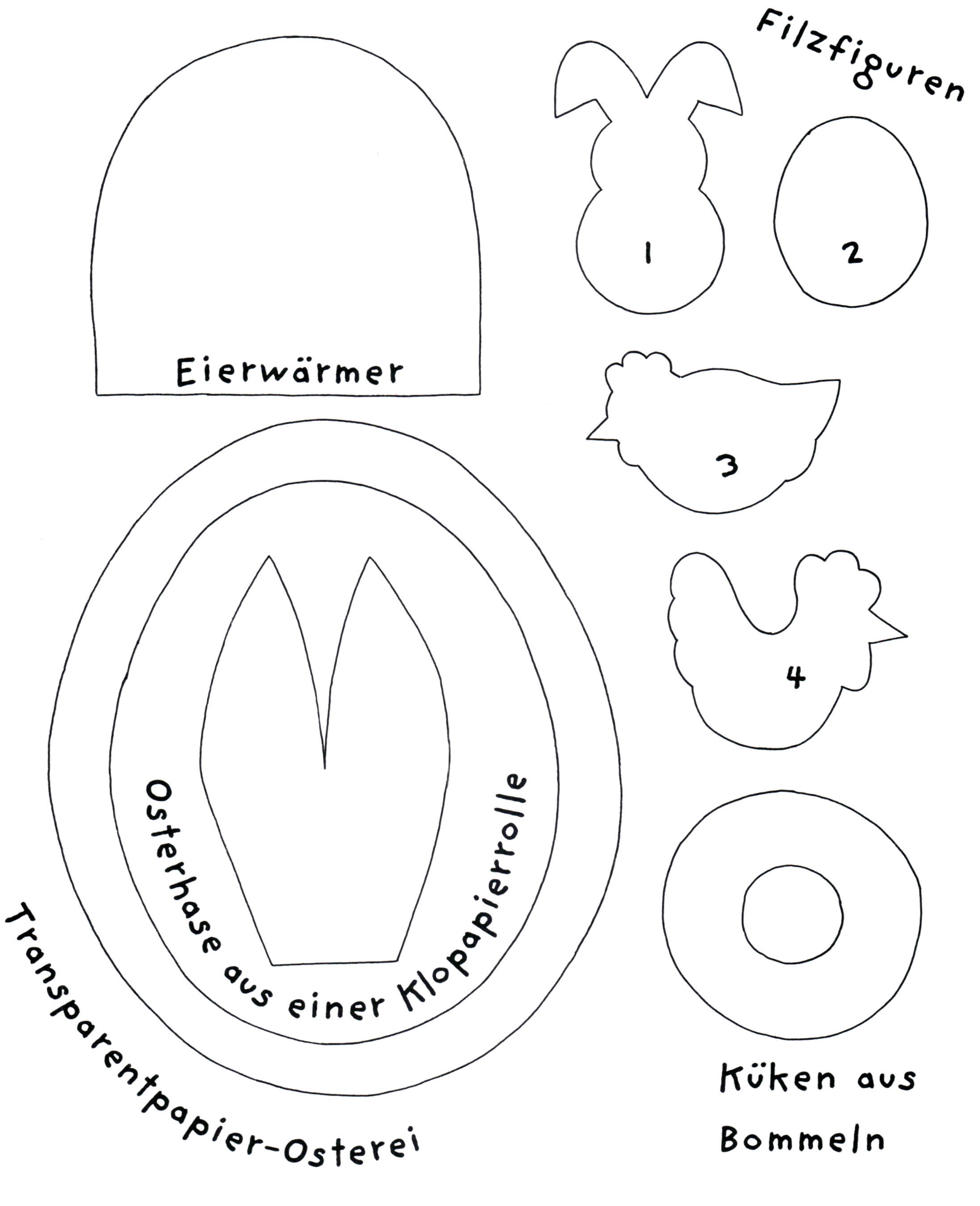
Filzfiguren
1
2
3
4
Eierwärmer
Osterhase aus einer Klopapierrolle
Transparentpapier-Osterei
Küken aus
Bommeln

Inhaltsverzeichnis